AF357268

Wartan Mahokian

*Art salubre, large, intense, en lequel
il faut saluer avec joie la toujours
vivante tradition des maîtres, actuelle
parce qu'éternelle.*

Camille MAUCLAIR.

ÉDITÉ PAR

L'ÉCLAIREUR DE NICE

—

1918

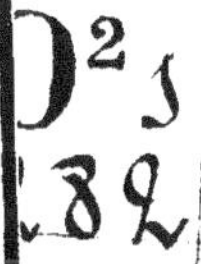

LE PEINTRE DE LA MER

Wartan Mahokian

Art salubre, large, intense, en lequel il faut saluer avec joie la toujours vivante tradition des maîtres, actuelle parce qu'éternelle.

Camille MAUCLAIR.

ÉDITÉ PAR

L'ÉCLAIREUR DE NICE

—

1918

Nous ne prétendons point avoir réuni dans ce
recueil tout ce qui a pu être dit, écrit ou publié sur
l'œuvre de Wartan Mahokian, le prestigieux « symphoniste de la mer », dont les expositions à Monte-
Carlo et à Nice viennent de remporter un succès d'autant plus grand qu'il était mérité. Critiques d'art, pro-
fessionnels, connaisseurs et amateurs sont unanimes
là-dessus. Nous considérons de notre devoir de signaler
à l'attention du lecteur, entre autres, la magistrale
étude inédite de M. Camille Mauclair, un modèle du
genre, et certainement une des plus vigoureuses qui
soient sorties de la plume de l'Aristarque français.

La Rédaction.

20 mai 1918.

WARTAN MAHOKIAN

Fils de cette noble et malheureuse Arménie où un pur génie lyrique persiste à renaître des infortunes les plus pathétiques et les plus imméritées, voici un peintre qui s'est fait lui-même. Nulle formule d'école ne l'a contraint. Son art n'est inspiré, limité, défini, que par l'échange de son émotion et de la nature. Mais il est parvenu à exprimer la nature et son émotion avec science et puissance, parce qu'il a exigé toujours davantage de sa sincérité, travaillé avec une opiniâtreté méthodique, contemplé avec un soin violent. Il nous apporte une série d'œuvres qui révèlent d'emblée un des plus sérieux techniciens de l'art moderne. Et si ces œuvres constituent par leur style, leur science et leur force de silencieux mais efficaces démentis à bien des aberrations récentes, à des vanités, à des ignorances, ce peintre ne l'a pas voulu, ne le sait même pas. Il n'a pas de théories. Il médite, il crée, il se relie d'instinct aux maîtres, il en sera certainement un à son tour, car il possède ce qui fait la maîtrise : la conscience et le don.

Wartan Mahokian peint de beaux paysages ou de robustes groupes d'arbres se détachant sur des ciels tragiques et des steppes neigeuses. Mais il est surtout, avant tout, le peintre et le poète des vagues, le familier des mouvements de l'eau. C'est son thème essentiel, la mer, la vie rythmique du déferlement magique et sans but des lames de fond. De tous les thèmes de la peinture, aucun n'est plus attirant, plus difficile, plus redoutable. L'audacieux paradoxe d'enclore le mouvement perpétuel, et l'horizontalité infinie entre les quatre angles d'une toile verticale et inerte ! L'étrange et presque insolent défi, d'exprimer ce qui bouge et ne connaîtra jamais le repos par les **artifices** d'un art immobile ! Si tant de peintres n'en ont pas été effrayés, cela témoigne moins de leur puissance que de leur inconscience : mais on compte ceux qui ont réussi. Un peintre de la mer ne peut être que nul s'il n'est pas supérieur. Wartan Mahokian a réussi, et est supérieur.

Son œuvre s'atteste absolument indépendante de toutes les querelles théoriques contemporaines. Probablement lui sont-elles indifférentes. Ce n'est aucunement un impressionniste, ce n'est pas un **réaliste** ni un classique, et il faut lui épargner l'une ou l'autre de ces épithètes qui gênent et rapetissent un artiste au cours de sa vie. L'interprétation que Wartan Mahokian nous donne de la mer se distingue par deux caractères généraux, que d'autres peintres ont certes connus, mais qu'il a su conduire au plus haut degré d'art : l'expression des volumes et le dessin des lignes décoratives. Préoccupés de lutter de vitesse et de finesse avec les irisations multiples de l'eau où la féerie du ciel ouvre ses suaves abîmes, trop de peintres ont oublié que l'eau est une masse pesante, d'une densité extrême, une matière lourde dont les chocs sont terribles. Le vent nuance et bouleverse la surface, la lumière y crée ses magies versicolores, l'âme de Protée s'y joue parmi les sylphes impondérables de l'écume ; mais au-dessous il y a une pesanteur énorme, et, une consistance de granit. Une vague de fond est une sculpture, et c'est avec raison que Rodin me disait un jour qu'il y voyait mille motifs de statues et de hauts-reliefs, un incessant défilé des formes essentielles de la faune et de la flore.

Cette massivité statutaire, Wartan Mahokian l'a comprise et rendue. Ses grandes vagues arrivent droit sur nous avec des fureurs d'écrasement, en machines de guerre, en catapultes qu'environnent les pâles cavaleries de l'écume, et l'on croit entendre leur choc sur les rochers assaillis, résistant comme les derniers carrés dans la bataille éternelle de la tempête. Tout est bruit et chaos, et pourtant tout est harmonie : car ce drame de l'eau, frénétique, sanglotant et féroce, est régi par la fatalité du rythme maritime, et la vague bondit, se déchire, se brise, retombe et revient avec une monotonie fatidique où les anciens, ces grands inventeurs de symboles, ont puisé l'idée du mythe de Sisyphe, toujours près de parvenir, toujours déçu, jamais découragé. Cette impuissance désespérée a un rythme : chacune des vagues meurt en beauté, expire en une gloire émouvante et le regard du poète et du peintre découvre en ce prétendu chaos un dessin ornemental d'une prodigieuse richesse. Il semblerait que seule la musique, mouvante comme l'eau, fût capable de lutter de flexibilité et de rapidité avec elle, et qu'il fût interdit à un art figé d'oser la transcrire. Wartan Mahokian n'a pas redouté ce duel inégal de l'œil qui synthétise et de l'élément qui se dérobe. Ce passionné de la mer s'est isolé avec elle, il a peint à la pointe du Raz, sur la côte danoise, à Capri, au Cap d'Ail, à Guernesey, il est allé partout où il pouvait rencontrer l'adversaire, le Protée aux mille visages, l'élément de changement. Il est allé à lui avec ses pauvres armes de peintre, la toile, les huiles colorées, les pinceaux, armes dérisoires que souvent la rafale ironique arrachait de ses mains, mais aussi avec sa volonté d'homme et d'artiste, sa patience, sa sincérité, son don de saisir et de se souvenir. Et il a rapporté, malgré la mer, de véritables portraits de la mer.

Le labeur obstiné, le talent, le savoir d'un artiste qui ose de telles choses sont des mérites qui portent leur récompense en eux-mêmes, et que le public n'a pas à connaître : le résultat seul lui importe. Il faut pourtant lui redire ce que représente de difficulté vaincue, de sagacité, de discernement, de lent progrès technique, de probité, un tel art. Les dessins des plans successifs de la vague, tels que Wartan Mahokian sait les établir, sans un escamotage, aussi complètement que le modelé d'un torse, sont des merveilles : et il leur approprie une coloration exacte, alors que forme et coloration sont également fugaces et insaisissables dans la nature. Et c'est parce que les modelés, les plans, les volumes, les densités sont réels, parce que les irisations et les tonalités se surajoutent à cette étude sculpturale très-poussée, que l'émotion du mouvement vivant de l'eau s'impose ici à nos yeux. Il est impossible de déplacer un seul de ces plans, une seule de ces arabesques neigeuses, sans détruire l'harmonie du tableau, comme si l'on altérait les traits d'un visage. Il y a telle marine de Wartan Mahokian qui ressemble littéralement à telle autre : le premier plan de rochers, l'effet de ciel, l'heure, la qualité de lumière, les tons de l'eau sont les mêmes. Mais une des vagues est un peu différente de forme, on en aperçoit davantage l'étalement sur le sable et c'est un autre tableau, un autre poème. Ses marines ne sont pas toujours bouleversées, orageuses et tragiques. Il en est d'adorablement douces. L'élément y dort son assoupissement perfide, y respire avec lenteur : on y retrouve ce que Chateaubriand, en une phrase admirable, a appelé « la molle intumescence des vagues », et ce mot « intumescence », par sa plénitude assourdie, exprime à souhait cet état de l'eau gonflée et soupirante comme le sein d'une dormeuse. Telle marine peinte à Capri, par Wartan Mahokian, dresse, sur une fluidité de soie changeante et presque irréelle, des silhouettes de rochers : ils sont déjà dans l'ombre crépusculaire, une lueur mordorée persiste à leur cime, c'est la minute exquise où la lumière baisse d'un ton, avec la douceur infinie d'une fiancée qui dit oui en inclinant la tête, c'est la minute où un souffle froid naît sur le paysage d'eau inerte... Ici il n'y a presque pas de matière, à peine de quoi teinter la toile. L'artiste qui, ailleurs, accumule sur une lame écumante de vigoureuses épaisseurs de pâte, à la Courbet, s'est borné à laisser chanter à demi-voix le poème de la nuance, par petites touches effleurantes, comme on effleurerait un clavier de piano. La marque du vrai peintre que la préoccupation d'une technique d'école n'alourdit pas, c'est cette diversité de facture selon l'effet et le sujet. Pour lui le style c'est le sentiment, l'adaptation de l'âme au thème, et non l'application d'une même manière à tous les thèmes.

Plus on entre dans l'examen des œuvres d'un contemplatif et d'un synthétiste aussi sincère, aussi riche de vie intérieure, que l'est Wartan Mahokian, plus on apprécie la valeur de certaines de ses façons d'exprimer. De quelle couleur est l'écume d'une vague se détachant à contre-lumière sur une horizontalité d'eau illuminée de lune ? Par quelles colorations exactes passe un ciel nocturne, de l'horizon au zénith, dans un tableau où le foyer de lumière lunaire est invisible parce que situé au-delà du cadre ? Quelle est la nuance précise que prennent une vague verte contre un rocher

brun, une eau d'indigo dans l'ombre d'une falaise
verdie par les goëmons ? Comment se définit la décom-
position prismatique d'une lame qui s'abat dans un
rayon de soleil ? De quelle manière, quand du haut
d'un roc on regarde le flot en perspective plongeante,
peut-on faire comprendre qu'on voit alternativement
le creux et le dos de la vague, et peut-on la peindre
de telle sorte qu'elle ne tombe pas verticalement au bas
du cadre ? Ce sont là autant de problèmes que bien des
coloristes capables d'effets brillants et séduisants ont
éludés, des problèmes que bien peu d'exposants actuels
sauraient résoudre et que Wartan Mahokian n'a pas
abandonnés avant de les avoir pénétrés jusqu'au fond.
Un œil superficiel s'en doute aussi peu qu'un lecteur
banal n'apprécie certaines trouvailles de grands écri-
vains. Les parties du beau roman ou du beau tableau
qui préparent la transition des effets sont celles qui
coûtent le plus de talent et d'effort, et dont les non-ini-
tiés s'aperçoivent le moins. L'art de Wartan Mahokian
est aux trois quarts fait de ces parties-là, et c'est pourquoi, plus on y entre, plus on l'estime. Il ne jette pas
de poudre aux yeux, il ne tire pas de feux d'artifice.
Le premier regard sur l'ensemble de ses œuvres ne
provoque pas cette surprise factice qui, chez certains
modernes, joue l'originalité. La tenue générale est
calme, sobre, classique : le peintre n'est certes pas
hanté par la funeste manie de paraître à tout prix
« nouveau ». Son harmonisation est sombre ou douce,
sans grands éclats. Mais alors, quand on s'approche, on
découvre les audaces réfléchies, la conscience, la
science, et on est pris par le *symphoniste de la mer*,
et l'amour qu'il a pour elle devient une contagion.
Rien de moins romantique : du ciel et de l'eau, voilà
tous les sujets. Mais ce sont des sujets d'une même
tragédie éternelle, traversée d'un grand souffle salubre,

et exprimée par les moyens dont, au-delà des modes,
les grands artistes se sont servis et se serviront toujours.

On a beau, en effet, compliquer l'art de peindre —
et en ce moment nous assistons à une vraie crise déli-
rante de procédés — la peinture fut et sera toujours
une chose très simple : valeurs, dessin, mouvement
des touches colorées selon le rythme et le plan des
objets, tout y est constamment conseillé par la nature,
par des lois d'observation et de composition immua-
bles, dont on ne sort que pour tomber immédiatement
dans l'absurde, et auxquelles les artistes de tous pays
et de toutes époques se sont toujours soumis, y voyant
non des entraves mais des aides. Mais c'est précisément
cette simplicité qui est tout, et la grande difficulté n'est
pas de peindre, c'est de ressentir. La fièvre d'inventer
à tout prix des procédés insolites est en raison directe
de la pauvreté du sentiment. Un homme comme Wartan Mahokian se sentira toujours humble devant la
nature, et c'est là la marque de l'artiste-né, fort de la
vraie force. Il lui semble à chaque tableau qu'il ne
sait rien, qu'il lui faut réapprendre tout. L'artiste, a
écrit inoubliablement Baudelaire, est devant la nature
un duelliste qui crie de frayeur avant d'être vaincu.
L'homme qui, sans vanité, sans souci de faire valoir
ses procédés, travaille en s'inclinant toujours devant
un idéal plus vaste que lui-même, est le seul qui ait
chance d'atteindre à la beauté, plus il la voit fuir. Elle
est pour lui ce Protée, cette mer insaisissable que Wartan Mahokian contemple : et le tableau que nous
jugeons le plus complet et le plus magistral est sans
doute celui dont il a le plus désespéré, avec lequel il
a le plus lutté, qu'il n'a abandonné qu'à l'extrême
limite de ses forces et de ses moyens. Dans tout ce que
nous trouvons de plus beau parmi les œuvres nées

sous les mains des hommes, il y a une souffrance secrète et pathétique de l'impuissance : être content de soi c'est n'avoir plus de talent.

Wartan Mahokian, né d'une race lyrique et pensive, nous arrive libre de toute école, de toute influence, en voyageur passionné qui a promené à travers le monde son âme et son désir d'exprimer, et il a voulu aller avant tout à ce qu'il y a de plus difficile et de plus profond, à la vie élémentale. Cela lui a importé plus que la mode, le succès, le profit. Il les aura par surcroît, car des hommes de son mérite sont rares dans la dégénérescence contemporaine, et on les recherche, et une place splendide leur est promise : mais il a choisi la meilleure part. Je pense que quiconque est sensible à la belle peinture, à la poésie épique de l'Océan, à la symphonie des couleurs et des formes, au style scrupuleux, éprouvera ce que j'ai éprouvé moi-même en rencontrant l'œuvre de Wartan Mahokian, pour la première fois, au Cercle Artistique de Nice, en une période douloureuse pourtant où la pensée est lasse, où l'anxiété et la hantise assombrissent la joie d'art et donnent presque le remords de la goûter. C'est l'impression d'une énergie, d'une science, d'une foi, d'une faculté de concentration intérieure, sereinement combinées, conformes à une grande tradition de maîtrise, nourries d'un idéal qui ne saurait périr. Que Wartan Mahokian soit remercié : pour ce qu'il a produit et pour le haut exemple qu'il donne, il restera désormais inscrit dans notre mémoire.

CAMILLE MAUCLAIR.

La mer a été de tout temps — depuis que les hommes peignent — la grande inspiratrice des artistes.

Je ne veux parler, ici, de la mer qu'au point de vue « élément », laissant de côté le point de vue humain ou mythologique, car c'est surtout « l'élément » que M. Wartan Mahokian traite avec une maîtrise qui le place au premier rang de ses devanciers les plus illustres.

La mer !...

Elle est continuellement en travail... Le rythme de certains de ses mouvements consiste en des ondulations que le vent provoque à la surface. Telles sont la houle et les vagues. Ce rythme, M. Mahokian l'a étudié avec persistance, avec acharnement, et sa persévérance — le talent aidant — l'a conduit à créer des œuvres devant lesquelles on est saisi d'admiration.

Les œuvres de M. Mahokian peuvent soutenir, avec avantage, la comparaison avec celles des plus grands peintres de la mer.

Que ce soit dans l'école hollandaise, Van Goyen, Van den Velde, Backhuyzen ou Jacques Ruysdaël ; dans l'école italienne, Salvator Rosa, Canaletto, Guardi ou d'autres plus modernes ; dans l'école anglaise, Wilson, William Turner, Constable ou Bonington ; dans l'école française, Claude Lorrain, Claude Monet, Joseph Vernet, Courbet, Cottet, Roux ou Olive, pour ne citer que ceux-là, rien ne dépasse en grandeur, en puissance, en beauté, en « vérité », les toiles de M. Mahokian.

Ce grand artiste éprouve au suprême degré — et impose son impression — la sensation du « plein air », de la pleine lumière, de la lumière intégrale. Il a pris la mer dans ses yeux, son cerveau s'en est imprégné. Son pinceau a traduit fidèlement, prestigieusement, sa lumineuse et géniale pensée. Il connaît tous les **secrets** de l'eau : sa pesanteur, sa fluidité, ses brasillements, ses déchaînements.

Il est l'incomparable interprète de la mer calme, houleuse, moutonneuse, écumante, hurlante. Il est plus qu'un peintre, il est aussi le poète de la mer. En regardant certaines de ses toiles, je songe aux plus belles pages de Virgile, du Dante et de Victor-Hugo.

GASTON BRADER.

« *Eclaireur* », *6 mars 1918.*

VISIONS MARINES

L'Exposition Wartan Mahokian, à l'*International Sporting Club*, est une forte sensation d'art et une leçon de choses digne du Muséum du Rocher d'en face.

Ses quatre panneaux embrassent l'infini de la Grande Enchanteresse, déchaînée ou étale, écumante ou berceuse, en sa gamme de coloris qui reflète la palette des cieux.

Des ruines dominent les basaltes, des porphyres éventrent la nappe, et la crête de vague, l'arête de récif, la symbiose de flore, fixent la différenciation entre la mer Noire au bord de laquelle naquit l'artiste arménien et la Côte d'Azur où il révèle sa conception du paysage en épanouissement d'un lever du soleil ou en clair-obscur d'un rayon de lune.

A contempler aussi les effets de neige, cabanes bohêmes, sapins touffus, où M. Wartan Mahokian a traduit son culte ému de la nature lumineuse.

Le Monte-Carlo, 10 mars 1918.
Organe hebd. des Théâtres, Concerts et Expositions.

Aujourd'hui, 10 mars, à l'*International Sporting Club de Monte-Carlo*, aura lieu la clôture de la belle exposition des tableaux du peintre arménien, Wartan Mahokian.

Elle obtint un succès réel, car les paysages évoqués par le pinceau d'un artiste consciencieux, sont tour à tour lumineux, ensoleillés ou embrumés, traités d'une façon sobre et précise avec un joli luxe de détails bien observés ; les quarante toiles de cette exposition méritèrent de retenir l'attention des connaisseurs, qui furent ravis de leur diversité et de leur beauté.

Paris-Nice-Littéraire, 10 mars 1918.

Rarement une Exposition a remporté un succès aussi mérité que celui obtenu par l'œuvre de M. Wartan Mahokian.

C'est à Monte-Carlo qu'elle a eu lieu, dans ce cadre merveilleux de la Côte d'Azur et devant cette mer aux brasillements infinis que le peintre a passionnément aimée toute sa vie. Il n'est pas difficile de s'en rendre compte ; on voit bien que c'est elle qui a accaparé toutes ses pensées et saisi tous les élans de son cœur ; car elle est là, dans ses toiles sous tous ses aspects.

On sent que l'artiste la peint avec amour, sûr de trouver en elle l'inspiratrice toujours fidèle ; et c'est ainsi qu'il a su réaliser des œuvres qui ne sont jamais indignes de son prodigieux modèle.

Mais combien rares sont ceux qui ont cherché à la connaître, elle l'inconnaissable, et osé l'étudier, elle l'insaisissable !

Alors que la peinture humaine avait donné les plus purs chefs-d'œuvres, les marines étaient encore inconnues : et ce fut un étonnement pour Paris, en plein XVIIe siècle, de voir les paysages maritimes du hollandais Van Goyen. C'était bien à ce peuple, fils de la mer, à se tourner le premier vers elle : mais malgré leurs beaux efforts, combien nous paraissent gauches aujourd'hui les essais de Van den Velde, de Backhuyzen et de Ruysdaël !

Ce n'est point le napolitain Salvator Rosa, ni le vénitien Canaletto qui ne voyait guère qu'un décor dans l'eau bleu-ciel de l'Adriatique, qui auraient pu comprendre la majesté sublime de la mer : et les grosses vagues enflées et théâtrales de Claude Lorrain, de Joseph Vernet et de Pillement nous émeuvent médiocrement. Avec raison, M. Bénédite Léonce a pu dire à propos des paysages et des marines de cette époque : « Ce n'est qu'un agréable ramassis de combinaisons conventionnelles, nées des vieux souvenirs italiens et inspirées du décor de théâtre. »

Il faut arriver au XIXe siècle pour voir l'épanouissement de cette branche de la peinture.

Elle paraît incidemment dans certaines toiles d'A. Cabanel, de Courbet ou d'autres non moins illustres. Mais bien peu nombreux sont les artistes qui ont étudié la mer exclusivement en elle-même, comme l'a fait Wartan Mahokian.

Il nous étonne absolument par sa puissance d'observation et par la rapidité prodigieuse de son coup d'œil.

Quelle patience, quelle persévérance, quel labeur énorme suppose cette facilité déconcertante à saisir l'ondulation rapide d'une eau toujours agitée !

Il connaît si bien d'ailleurs l'anatomie fugace de la Vague, il en a pénétré si intimement le sens profond, qu'il ne craint pas, comme dans « Cattegat », de nous donner des toiles où elle remplit seule tout le tableau. Elle les anime, elle les fait se mouvoir sous nos yeux, elle symbolise magnifiquement tout ce qu'il y a de mouvant et de terrible dans les profondeurs d'où elle naît.

La voici : elle se détache de la masse sombre et amorphe de la mer, et elle semble condenser en elle cette formidable énergie qui bouillonne dans les abysses. Elle s'élève majestueusement vers le ciel ; et plus elle monte plus elle se transfigure, plus elle devient quelque chose d'immatériel, d'éthéré, comme le montre la gamme des nuances qui du bleu foncé va s'éclaircissant insensiblement jusqu'à ce qu'elle se réduise en un peu d'écume blanche, en un peu de vapeur d'eau subtile. Mais dans cet élan sublime il y a la chute fatale. Elle s'écroule la tête en avant, comme un homme frappé de mort en courant. Et c'est surtout cet instant précis et combien rapide qu'il parvient à traduire avec un rare bonheur.

Mais Wartan Mahokian connaît aussi les secrets de l'eau calme ; et nul mieux que lui ne sait donner l'impression de sa fluidité et de sa profondeur. Grand artiste, il possède, comme tel, au suprême degré le don de s'émouvoir et de nous communiquer les émotions qu'il éprouve devant ces spectacles grandioses. Doté d'une âme sensible ainsi que d'un cerveau sain et d'un œil normal, il sait voir et exprimer avec une belle simplicité classique, sans trucs d'atelier, sans excentricités d'école par la seule robustesse de son talent, toute la grandeur prodigieuse de la mer.

Ce talent est fait de puissance et de mélancolie ; c'est pourquoi il excelle aussi bien à nous donner le sentiment horrifique d'une tempête en Mer Noire, qu'à traduire la délicate et mélancolique impression d'une nuit lunaire sur les côtes de la Méditerranée.

Voyez son tableau « Pendant la tempête ». Un rocher de granit, taillé à pic, crevassé, noir, domine de sa masse puissante la mer, et semble la défier. Une vague énorme court se précipiter sur le roc orgueilleux, mais une autre qui l'a précédée reflue, brise son élan, et elle déferle rageusement en décrivant une volute pleine d'écume d'où s'envole une buée légère. Il y a là un bouillonnement formidable, un mouvement prodigieux de toute la surface liquide où viennent crever les bulles d'air emprisonnées dans l'eau. Cependant, derrière celle-ci, une nouvelle vague montre sa crête irritée. On dirait une montagne qui s'avance, et plus loin, une troisième, plus monstrueuse encore, accourt livrer ses furieux assauts. D'épais nuages, sombres et menaçants, prêts à enfanter la foudre, obscurcissent le ciel. On croirait entendre le grondement sinistre du tonnerre et le rythme effrayant de la houle.

Voici par contre un « Clair de Lune ». Deux barques de pêcheurs se balancent nonchalamment au clapotis discret de petites vagues qui rident à peine la mer tranquille et douce. Une grande tâche argentée, s'élargissant au loin, reflète la lumière laiteuse de la lune qui tamise ses rayons pâles au travers des nuages comme pour rendre plus mystérieux et plus intime le charme langoureux de cette nuit italienne. Quelle douce rêverie et quelle délicieuse poésie dans ce tableau !

Un autre caractère du talent de Mahokian c'est sa variété et sa fécondité. Toujours avide de voir, toujours à la recherche du beau, il a parcouru les côtes africaines, l'Europe entière : la Russie, les Etats Scandinaves, l'Angleterre, la France, l'Italie et, de partout, il a rapporté de superbes études. Peu d'artistes, certainement, connaissent aussi bien tous les mystères de la mer, et en ont su exprimer plus magistralement l'étonnante diversité. Qu'elle soit calme comme un lac, moutonneuse ou déchaînée ; qu'elle se contente de déferler ses vagues ou qu'elle projette ses lames contre le rivage et laisse son écume blanche accolée aux rochers des côtes ; que ce soit la mer pâle de Scandinavie, ou le sombre Océan de Bretagne, ou le limpide azur de la Méditerranée, son pinceau sait rendre tous ces aspects et toutes ces colorations avec une extraordinaire *vérité*.

Cependant tout cela serait froid et presque photographique s'il n'y avait la lumière qui est l'âme du paysage ; et Mahokian, qui est un « pleinairiste » par excellence, sait la répandre avec une merveilleuse habileté. Telle petite chapelle sur le bord de l'eau, projette par son œil-de-bœuf sa lumière jaunâtre et falote tandis que la lune fait serpenter ses rayons blafards sur la mer. Tel phare comme un immense cyclope, fait flamboyer son œil rouge dans le ciel où courent de gros nuages noirs qui masquent en partie la livide clarté lunaire.

Ailleurs, c'est un clair matin ; le soleil radieux émerge d'une montagne, et sur l'eau, c'est un glorieux ruissellement d'or.

Les couchants aussi ont leurs apothéoses grandioses dans un éblouissement de teintes indéfinies.

Mais si la mer est particulièrement chère à l'artiste, il ne dédaigne pas les verdoyants paysages anglais, les sombres landes bretonnes, les mornes steppes russes.

Ici, c'est une vision printanière, un coin de Hyde Park. A la puissante et verte frondaison des arbres séculaires répond la poussée des tendres graminées si délicatement vertes qu'elles paraissent blanches. En haut, c'est la force orgueilleuse de la vie ; en bas, l'obstination timide du renouveau.

Là, nous sommes dans l'immense plaine russe. La neige à perte de vue recouvre la steppe de son suaire immaculé. L'horizon est infini ; et cette étendue incommensurable nous étreint le cœur avec angoisse. Au premier plan, se traîne péniblement une petite rivière aux berges plates envahies par la glace. Elle déroule ses méandres avec une lenteur désespérante et on ne l'aperçoit plus dans le lointain brumeux que comme un fil d'argent. Le ciel est bas, il est gris, il est triste. Une brume légère voile encore ce paysage désolateur. On sent le désespoir de la solitude : on éprouve la mélancolie du silence. Rien qui puisse vous distraire de ces sombres pensées : rien qui coupe la monotonie de cette vision polaire. Seuls, deux lugubres oiseaux mettent deux taches noires dans la blancheur du tableau. Il a neigé : mais le ciel reste lourd. Il y a trop de désolation : « Il va neiger » encore. L'impression de tristesse indéfinissable est si pénétrante, qu'on la sent doucement descendre dans nos âmes.

Mais en matière d'arts plastiques, une description ne peut jamais donner qu'un aperçu bien terne de la réalité. Comment pourrait-on avec des mots montrer le chatoiement des couleurs, la variété infinie des teintes, les jeux changeants de lumière, les mystérieux effets d'ombre ?

Les connaisseurs ne sauraient manquer d'emporter de la visite de ces admirables toiles le plus profond et le plus délicat souvenir : celui qui nous laisse une œuvre d'art vraiment grande et belle.

OCTAVE MILHE.

Extrait du *Petit Monégasque,*
Organe de la Principauté.

Il serait presque injuste de laisser se clore l'exposition Wartan Mahokian, sans redire combien le *Cercle Artistique*, si généreusement ouvert aux belles manifestations d'art, s'est honoré en accueillant celle-là. Elle restera au nombre des plus intéressantes parmi celles qui ont soutenu très hautement le prestige du Cercle. Wartan Mahokian se sera révélé en effet comme un puissant, sincère et savant évocateur du poème de la grande mer, tour à tour tendre et tragique. Ce peintre ne s'inféode à aucune école, à aucune mode, et n'a besoin d'aucune étiquette. Il est lui-même. On a rarement exprimé et à un tel degré et avec un style aussi fier la densité de l'eau, le dessin des vagues, l'aspect décoratif et la frénésie multiple de l'élément à la fois sculptural et insaisissable. Cela touche souvent à la vraie maîtrise au-delà de toute formule. Cela concentre une incontestable beauté. Et quelques paysages verts et neigeux sont là aussi pour attester la science et le sentiment d'un noble artiste.

Ce serait desservir Wartan Mahokian que d'opposer son œuvre à celles de beaucoup d'improvisateurs et de faiseurs aussi vains et bruyants auxquels on fait, jusqu'à agacer, d'immérités succès ; ce peintre modeste et sans théories n'a pas à se prêter à un tel rôle. Il nous sera cependant permis de constater le démenti silencieux qu'une exposition de cette exceptionnelle qualité, représentant une somme considérable de dons, de recherches, de travail, d'observation scrupuleuse et d'originalité synthétique, inflige à bien des exhibitions vides de technique valable et de loyale sensibilité. Wartan Mahokian appartient à la belle lignée des ouvriers forts et patients, des contemplatifs et des émus. Plusieurs des toiles qu'il nous montre, et que les vrais amateurs de bonne et saine peinture devront se hâter d'aller revoir, apparaissent comme des œuvres parfaites, dignes d'être retenues par nos musées, auprès des morceaux les plus réputés de Courbet ou de Claude Monet. Art salubre, large, intense, en lequel il faut saluer avec joie la toujours vivante tradition des maîtres, actuelle parce qu'éternelle.

CAMILLE MAUCLAIR.

« *Petit Niçois* », *30 avril 1918.*

Wartan Mahokian : Voici un homme auquel doit doublement s'intéresser notre sympathie, puisque d'abord, il appartient à l'une des plus héroïques et à l'une des plus malheureuses des nations, l'Arménie ; et qu'ensuite il est un bon peintre.

En lui ouvrant ses salons, le cercle l'*Artistique* s'est honoré une fois de plus, — et, du même coup, il a permis une des manifestations picturales les plus émouvantes que nous ayons jamais eues dans notre ville.

Mahokian est, par excellence, le peintre de la mer. Il a traîné sa boîte à couleurs devant toutes les mers de l'Europe : la Baltique, la Manche, l'Atlantique, la Méditerranée, la mer d'Ionie, la mer Noire n'ont plus de secrets pour lui. Il a erré dans les fjords de Norvège, comme il a reçu les embruns de la pointe du Raz ; les rochers tragiques de Sark ou de Penmarch l'ont attiré après les divins paysages de Capri ; il a rêvé, avec Sainte-Beuve, devant le flot expirant sur la grève de Sorrente, comme il contempla, éperdu de joie, les splendeurs riviériennes.

Il est peu de peintres qui aient, comme Wartan Mahokian, aussi sincèrement, aussi profondément, aussi heureusement, exprimé tous les aspects de la mer. Il l'aime sous tous ses aspects, sous toutes ses formes : de l'aube au crépuscule. Il la peignit calme et courroucée, dolente ou terrible, toujours avec la même foi, la même ardeur, le même bonheur d'expression et de réalisation.

La centaine de toiles qu'expose l'*Artistique*, et dont maintes sont des pièces de musées, atteste un des plus nobles talents qu'il nous ait encore été donné de connaître — et nous ne pouvons que joindre nos félicitations à toutes celles qu'a déjà reçues ce bel artiste.

GEORGES MAUREVERT.

« *L'Eclaireur* », 1ᵉʳ *mai 1918.*

Parmi les manifestations d'art à l'actif de notre docte réunion, il nous faut noter la plus récente : l'Exposition des œuvres du peintre arménien Wartan Mahokian, dont les marines et les paysages ont retenu, durant une quinzaine, l'attention des amateurs et connaisseurs de l'impressionnante nature, des rêveurs de la grande mer, si fidèlement rendue avec ses côtes escarpées et sauvages, sa transparence sombre et azurée tour à tour.

La palette de l'artiste se retrouve surtout dans les vagues déferlant sur les plages ou se brisant contre le granit des falaises. Nous nous trouvons là en présence d'un véritable maître du pinceau.

Le Petit Marseillais, 3 mai 1918.

...Wartan Mahokian expose une série d'œuvres remarquables, qui expriment bien son âme parce qu'elles sont sincères, volontaires et intègres.

...Ici, il n'y a pas d'école, pas de métier spécial, pas de théorie d'art. Il aime profondément la mer et le ciel et parce qu'il est un sincère sans faiblesse, il impressionne ceux qui aiment ces ciels et cette mer avec sa poésie, sa violence et sa vie.

Il atteint donc le but qu'il poursuit, car le visiteur, quels que soient ses goûts personnels et ses tendances artistiques, est obligé de perdre avec joie ses regards vers ces horizons qui agrandissent les mers à l'infini et de laisser voguer bien loin ses pensées avec celle de l'artiste...

MARCO DE GASTYNE,

1ᵉʳ Grand-Prix de Rome.

« *L'Eclaireur* », 10 mai 1918.

M. Wartan Mahokian est de ces rares artistes dont l'œuvre, éminemment personnelle, ne peut être rattachée à une école ni située dans une époque. Prodigieusement doué, il joint à ses dons naturels la profonde connaissance du sujet qu'il traite. Et avec quelle simplicité, avec combien d'aisance il sait rendre les spectacles grandioses de la nature. Seuls ceux qui ont tenté de faire revivre sur la toile, *avec sincérité, sans trucage*, la mer sous ses multiples aspects, peuvent se rendre compte de l'immensité de la tâche qu'il a affrontée hardiment et accomplie avec une maîtrise surprenante. Tout homme qui a le sentiment du beau et du vrai doit être saisi d'admiration devant les œuvres de M. Mahokian. Il n'entre pas dans mon intention d'étudier ici, dans ses particularités, l'œuvre vaste et variée du maître, ni faire l'examen détaillé de sa technique qui intéresserait surtout les hommes de l'art. Ce que je tiens à relever, c'est l'impression qui se dégage du spectacle de ses tableaux réunis dans la salle de l'*Artistique*, et elle se résume en ces deux qualités essentielles pour toute œuvre d'art plastique durable : Vérité et Poésie.

U. BONORA,
artiste-peintre.

Cet article parvenu à notre Rédaction tout récemment n'a pu être inséré dans l' « Eclaireur ».

Imp. de l'Eclaireur — Nice

www.ingramcontent.com/pod-product-compliance
Lightning Source LLC
LaVergne TN
LVHW012108170726
843501LV00008BC/2799